Bezeichnung der umseitigen Abbildung:

Sonnensymbol der Sioux

Bezeichnung der umseitigen Abbildung:

Sandmandala für ein Heilungsritual der Navaho-Indianer

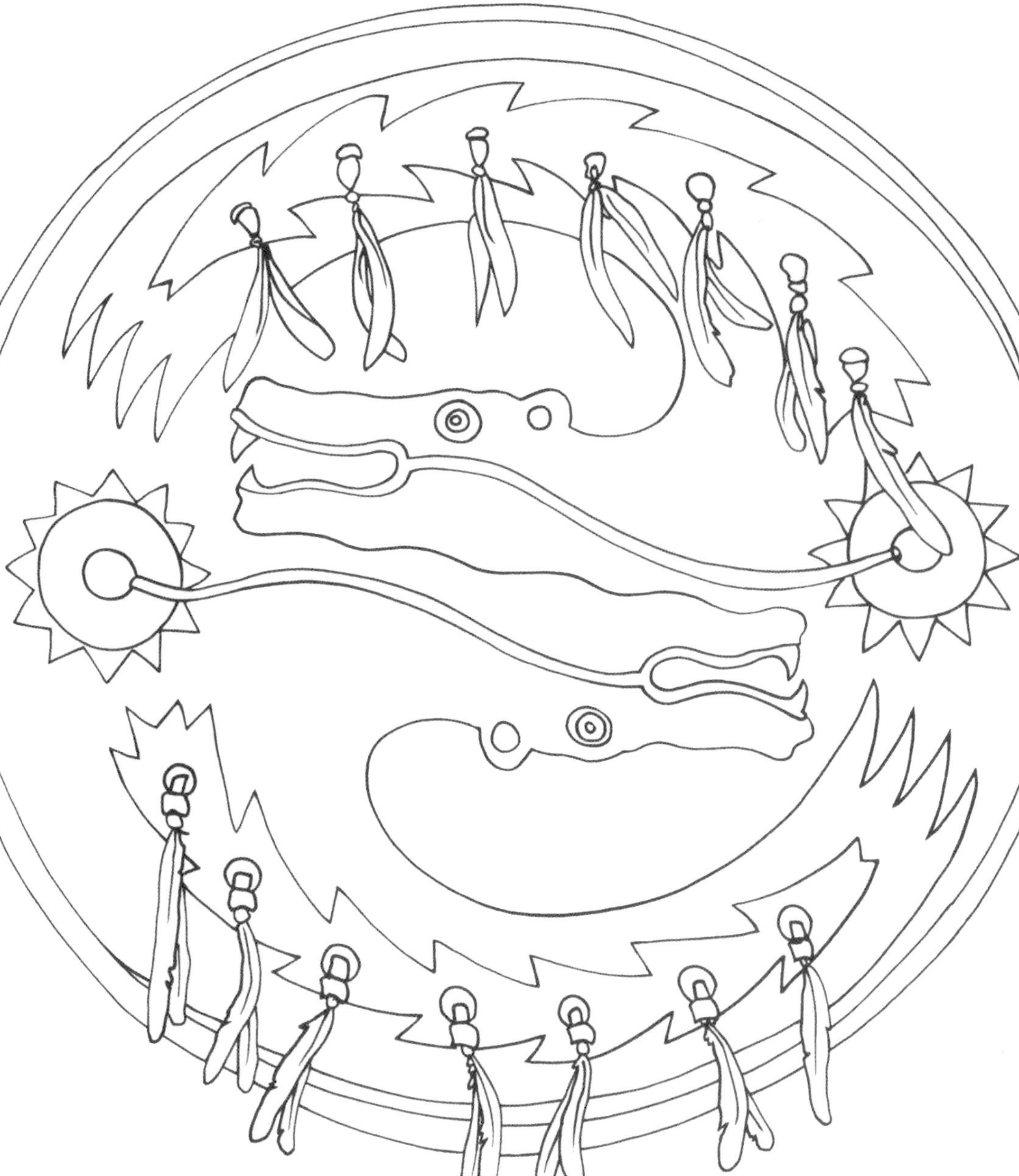

Bezeichnung der umseitigen Abbildung:

Schild der Plains-Indianer

Bezeichnung der umseitigen Abbildung:

Symbol des Universums;
Cheyenne-Indianer

Bezeichnung der umseitigen Abbildung:

Symbol des Regengottes;
Felszeichnung der Hopi-Indianer bei Betatakin

Bezeichnung der umseitigen Abbildung:

Collage aus Symbolen der Plains-Indianer

Bezeichnung der umseitigen Abbildung:

Darstellung von Entenflügeln;
Maida-Indianer, Kalifornien

Bezeichnung der umseitigen Abbildung:

Collage aus Krafttieren, Friedenspfeifen und dem Sonnensymbol

Bezeichnung der umseitigen Abbildung:

Die vier Himmelsrichtungen;
Cheyenne

Bezeichnung der umseitigen Abbildung:

Donnerpfeife der Navaho

Bezeichnung der umseitigen Abbildung:

Das Stinktier als Sonnensymbol;
Hopi

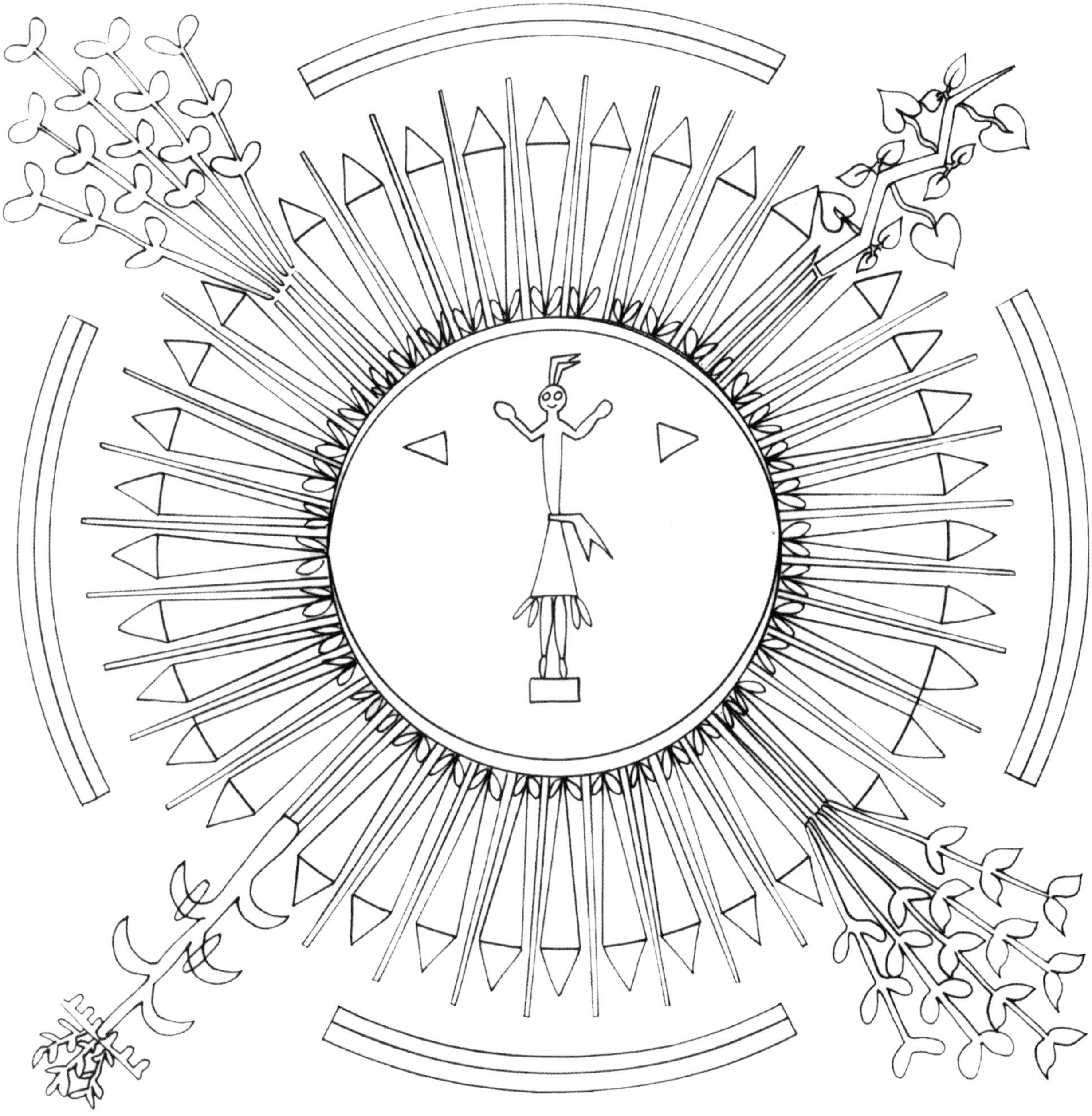

Bezeichnung der umseitigen Abbildung:

Die große Mutter;
Navaho

Bezeichnung der umseitigen Abbildung:

Nach einem Motiv von Mariano Valades, einem Huichol-Indianer aus Mexiko

Bezeichnung der umseitigen Abbildung:

Sonnentanz-Symbol mit gegabelten Bäumen;
Plains-Indianer

Bezeichnung der umseitigen Abbildung:

Gegabelte Blüte der Dualität;
Cheyenne

Bezeichnung der umseitigen Abbildung:

Darstellung eines Wirbelsturms, dessen Zentrum unberührt und ruhig ist;
Apache-Indianer

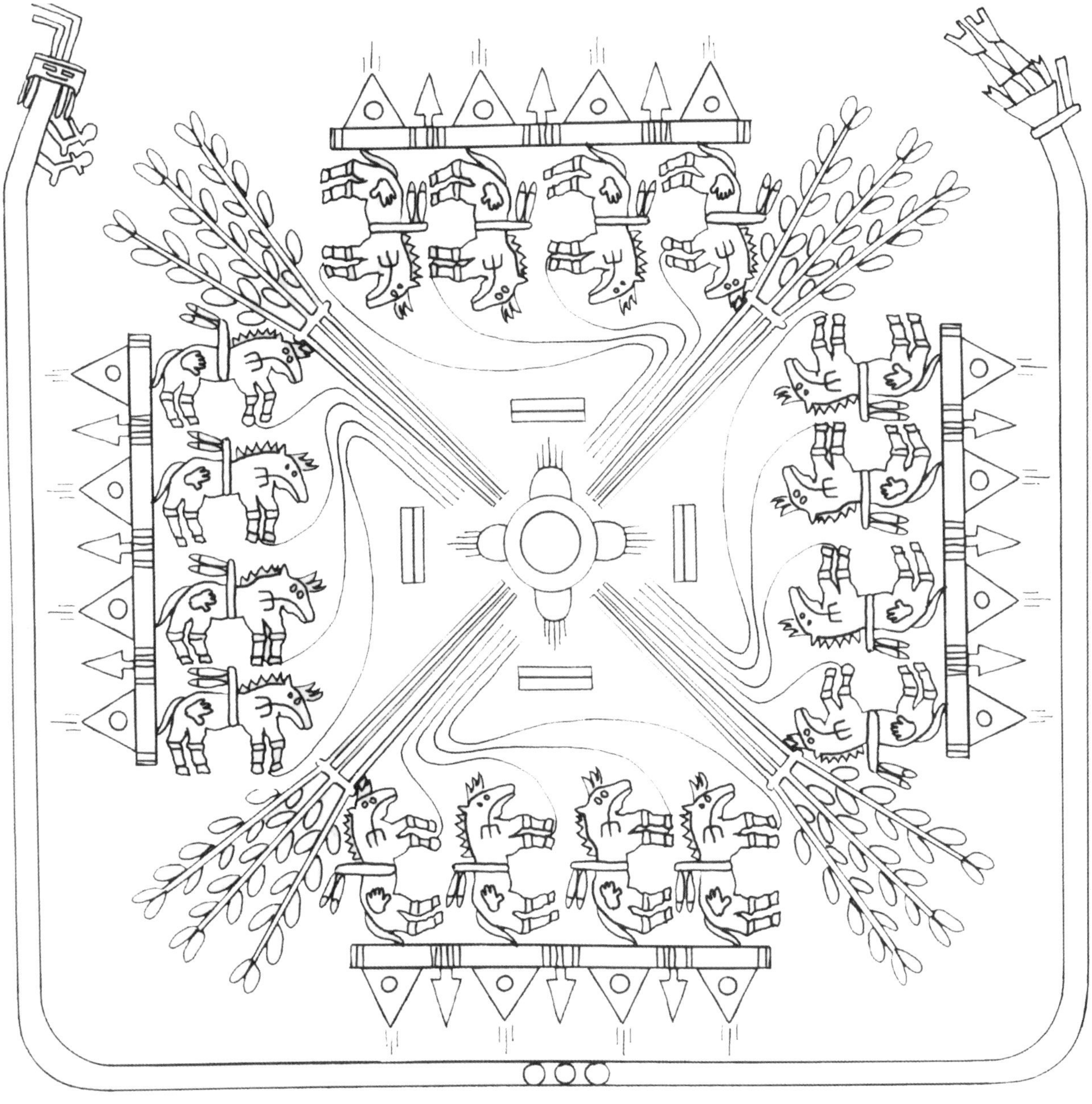

Bezeichnung der umseitigen Abbildung:

Sandbild der Navaho zum Schutz der Herden

Bezeichnung der umseitigen Abbildung:

Geflochtener Teller der Navaho für die rituelle Aufbewahrung von heiligen Speisen

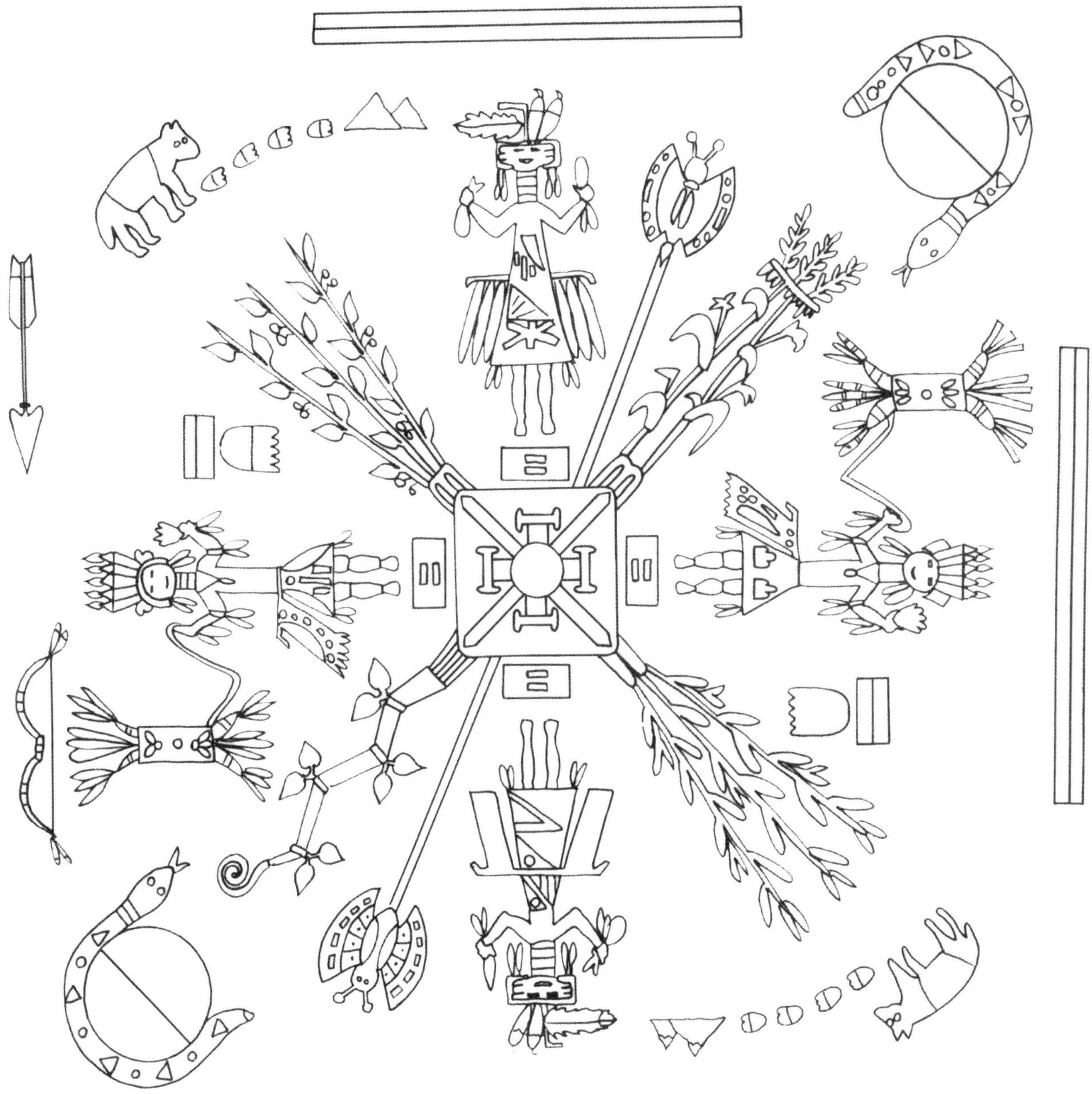

Bezeichnung der umseitigen Abbildung:

Das Haus des Bären und der Schlange;
Heilungsbild der Navaho

Bezeichnung der umseitigen Abbildung:

Symbol der Cheyenne für die Verwobenheit der Himmelsrichtungen

Bezeichnung der umseitigen Abbildung:

Wasserwirbel, aus den vier Himmelsrichtungen strömend;
Apache-Indianer

Bezeichnung der umseitigen Abbildung:

Collage aus mythischen Symbolen der Ojibwa-Indianer

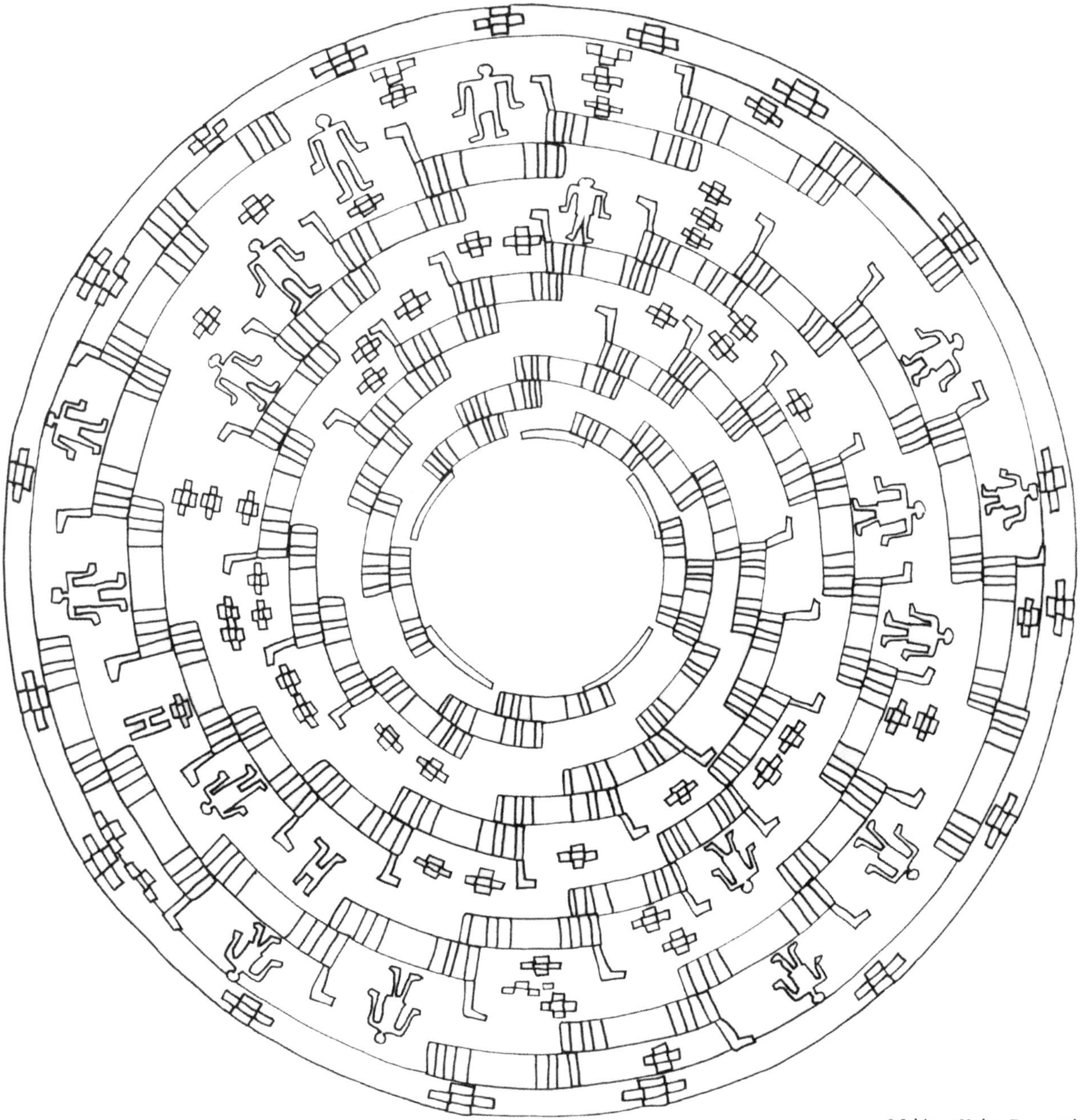

Bezeichnung der umseitigen Abbildung:

Flechtwerk der Yokut-Indianer

Bezeichnung der umseitigen Abbildung:

Darstellung eines Falken; Pueblo-Indianer

Bezeichnung der umseitigen Abbildung:

Flechtwerk der Cahnilla-Indianer

Bezeichnung der umseitigen Abbildung:

Kopfbedeckung der Haida-Indianer (von oben)

Bezeichnung der umseitigen Abbildung:

Aufsteigender Regengott;
Hopi

Bezeichnung der umseitigen Abbildung:

Schild der Plains-Indianer

Bezeichnung der umseitigen Abbildung:

Labyrinth der Papago-Indianer

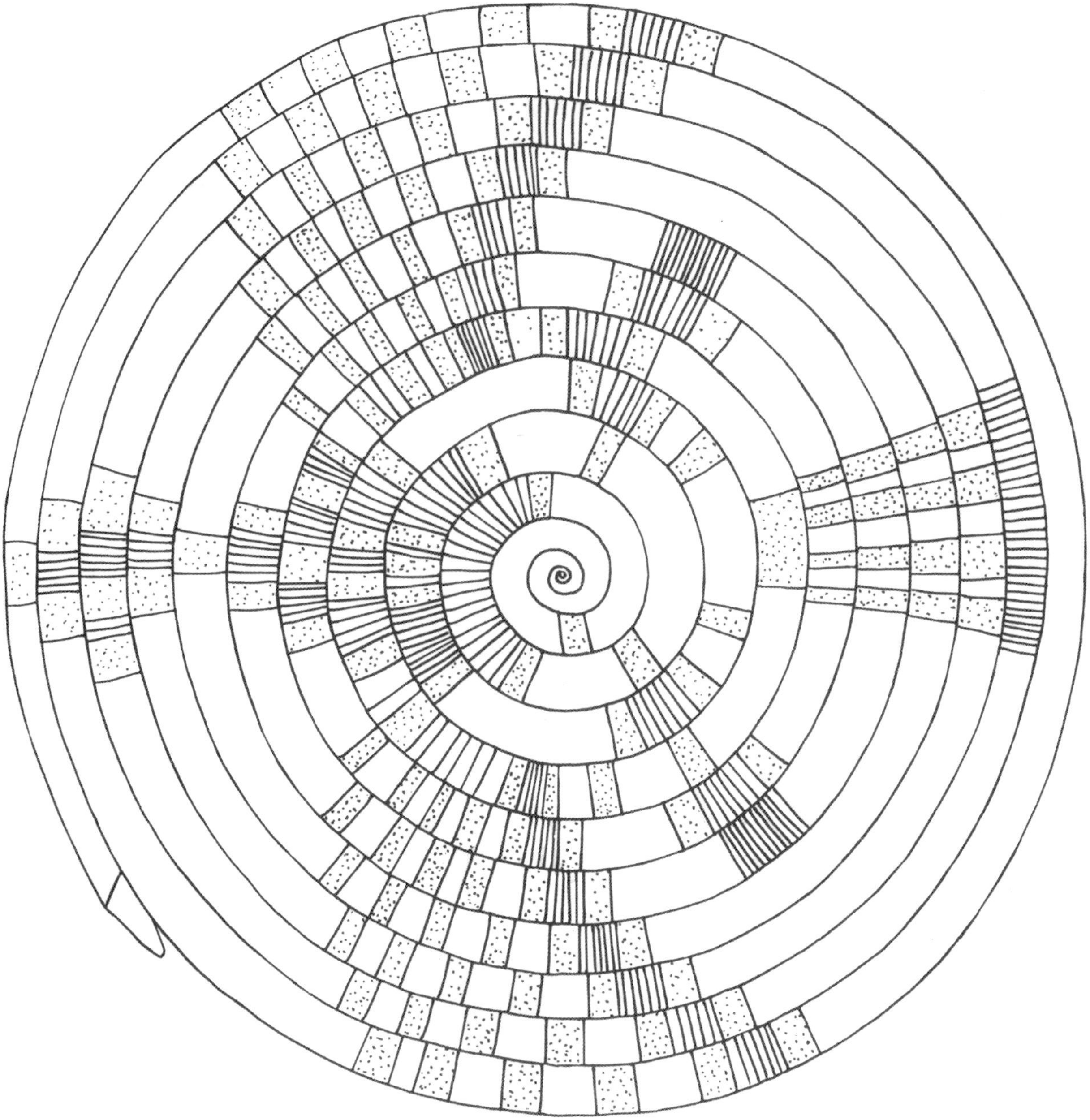

Bezeichnung der umseitigen Abbildung:

Flechtwerk der Hopi, einen Vogel darstellend

Bezeichnung der umseitigen Abbildung:

Sonnensymbol der Huichol-Indianer